家庭用オーブンで誰でも作れる

日本一やさしい
本格パン作りの
教科書

松尾美香 著

秀和システム

はじめに

おうちでパン作りを楽しんでいる人たちが、特別な材料や特別な機材ではなく、身近に売っている材料や家庭用オーブンで、お店で売っているようなパンが焼けるようになるのが私の願いです。

これまで1万人を超える方にパン作りを教えてきました。
毎月いらっしゃる新しい生徒さんの多くがおっしゃる言葉があります。

「手作りのパンは、翌日には固くなってしまう」

あなたもそれが当たり前だと思って、固くなるパンを受け入れてしまっていませんか?
その話を聞くたびに、いつも残念に思っていました。
決してそのようなことはありません。

私の教室では試食の時にレッスンで作ったパン以外もお出ししています。
なかには3日経ったものや、5日経ったものもあります。
そのパンを食べた生徒さんたちは「パンが固くない」と驚かれます。
何が違うのでしょう? レシピが違う?
いいえ、それよりももっと大切なことがあります。
「本に書いてある文章のまま作っている」これが大きな原因なのです。
えっ? どういうことって思いましたか?
実は、パンはレシピ本に書いてある文章の通りに作ってもうまくできません。
「レシピの通りに作っているのになぜ?」と思いますよね。
行間を読むことができると、パン作りは格段に上達します。
この本は今まで書かれてこなかった、**パン作りの行間**に触れています。

パンを作るとき、同じ作り方でも、人によってパン生地に加える力加減や発酵させる環境、オーブンの火力は異なります。その小さな違いが積み重なって、「レシピの通りに作ったのに全然違う仕上がりになってしまった」ということが起きるのです。

なかでも特に多いのは、ミキシングや発酵終了の見極めができていないケースです。

どこまで捏ねればよいのか、きちんと発酵できているか、ご自身で生地の状態を判断できるようになる必要があるのです。

この本では、読んだ方がご自分で生地の状態を見て、ミキシングと発酵終了のタイミング、成形の仕方を自分で判断できるようになることを目指しました。

この本で一緒にパン作りをするうえで、あなたに協力してほしいことがあります。

必ずこの本の通りに作業をしてください。

ご自身の解釈を入れず、そのまま作業してほしいのです。「本と同じことをしているつもりでも、それは思い込みの可能性がある」ということを念頭に置いておいてください。うまくできないときには、レシピとやり方が違っているのではないかと疑ってみてください。

考えながら作業していくこともとても大切です。つまり、**工夫をしながら作業をしていく**ということです。生地に対して、手のひらが当たる場所や力加減をいろいろ試しながら何度も作ってみてください。

本に書いてあることは基本の作り方です。

人によって手の大きさは違いますし、文章の捉え方が違うこともあります。出来上がりが本と同じようになるようになるまでご自分で探求してみてください。

パン作りは実験の連続です。

だから少し形が悪いパンが焼き上がっても、愛情を感じてあげてくださいね。

本書では、みなさんが驚くような、今までのパン作りの常識を破った作り方をします。

パン作りは常に進化を続けています。

5日経っても美味しいパンを一緒に作っていきましょう。　　　松尾美香

CONTENTS

Lesson 1
ガイドラインを引くだけで
必ずクープが開く高加水のバゲット

Lesson 2
成形の仕方で味や食感が変わる
自家製酵母のカンパーニュ

Lesson 3
発酵生地で作るクロワッサンとデニッシュ

Lesson 4
イーストで作るお惣菜パンと菓子パン

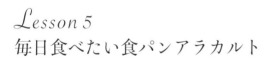

Lesson 5
毎日食べたい食パンアラカルト

材料、道具について

基本の粉
リスドォル（準強力粉）、イーグル（強力粉）、全粒粉（パン用）、ライ麦粉（中挽き）

※粉は種類によって吸水が変わります。慣れるまではできるだけ本書と同じ粉を使用することをお勧めします

イースト
インスタントドライイースト

※本書ではすべてサフ社の「赤」を使用しています

その他の粉類
抹茶（製菓用）、ココア（無糖）、塩（シママース）、上白糖、グラニュー糖

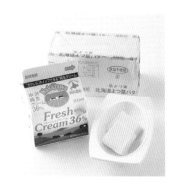

油脂類
無塩バター、生クリーム（乳脂肪分35%）

水
水道水（春秋冬は常温、夏は冷水）、硬水（コントレックス）

トッピング
ドライフルーツ類、チョコレート（製菓用・板チョコ）、ナッツ類

デジタルスケール
0.1g単位まで計量できるものがお勧めです。

ボウル
直径15cm／18cmのものを使用。ミキシングや成形後の発酵時に使います。

タッパー
10×10×10cmくらいの大きさのものを使用。タッパーの大きさが違うと発酵に影響するので、なるべく本書で使用しているタッパーに近い大きさを用意してください。

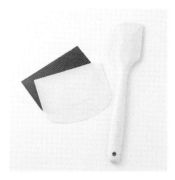

カード、ゴムベラ
カードはスケッパーとして使用。

オーブンシート
使い捨てのペーパーと、繰り返し使えるテフロン加工シートを使用しています。

ブラシ、刷毛
クロワッサン用（ブラシ）／塗り卵用に使用（刷毛）。型にバターを塗る時はシリコン製の刷毛を使用。

めん棒
25cm／35cmのものを使用。プラスチック製のガス抜きめん棒でも構いませんが、クロワッサン生地には木製のものを使用します。

ふきん、打ち粉、茶こし
ふきんは無印良品の落ちワタ混ふきんを、打ち粉はリスドォルを使用。

型類
食パン型（9.5×18.5×9cm）、コルネ型、セルクル（直径8cm）。その他、アルミカップは8号のものを使用しています。

キャンバス地、板、生地取り板
板は天板と同じくらいの大きさのものを使用。ダンボールで代用できます。キャンバス地と生地取り板についてはp.15を参照してください。

ハサミ、クープナイフ
ハサミは100円ショップの文房具のものを、クープナイフは替え刃式・ビクトリノックスのものを使用しています。

ケーキクーラー
焼き上がったパンを置いて冷ますのに使用します。

おうちでのパン作りを劇的に変えるコツ

1 強いグルテンを作りましょう

パン作りで大切なことのひとつは、強くて長いグルテンを作ることです。グルテンを見たことがありますか？　パン生地を捏ねたあとのボウルを洗っている時にスポンジやシンクにへばりついている迷惑なアレ（笑）がグルテンです。水で生地をゆすぐとグルテンだけは残ります。

強いグルテンを作るには、ミキシングの時に生地をしっかり伸ばしたりたたいたりすることが大切です。高加水の生地のミキシングは混ぜるだけでなく、しっかり生地を伸ばすようにしましょう。それ以外の生地のときは生地をしっかり転がしてたたくことで強いグルテンが作れます。手作りパンが翌日には固くなる原因の一つがミキシング不足です。

2 発酵完了のタイミングを見極めましょう

発酵完了の見極めができるようになるまでは、可能ならば室温よりもできるだけ発酵器やオーブンの発酵機能を使用して発酵させましょう。

発酵するときの温度と時間は反比例です。発酵温度が低くなると発酵時間が長くなり、発酵温度が高くなると発酵時間が短くなります。室温で発酵させる際はこのことを頭に入れておきましょう。

最終発酵終了のタイミングは、**発酵させた生地の横（上ではありません）**を軽く押して見極めます。生地に指の跡が残る、もしくはゆっくり戻ってくるようならば発酵終了です。逆にすぐ戻ってしまうようならさらに発酵させましょう。あまり強く押すと指の跡がそのまま残ってしまうので気をつけてくださいね。

3 バゲット・カンパーニュは"最高温度"で 予熱を入れましょう

バゲットやカンパーニュなどのハード系のパンを焼くときは**下火がとても大切です**。家庭用オーブンでは下火の調整ができません。天板をしっかり温めることによって下からの温度をカバーしましょう。ハード系のパンを焼く時は、次の手順に従ってください。

オーブンを最高温度で十分に予熱する

パンを焼成する前に、オーブンを最高温度に設定し、天板を入れて60〜90分間空焼きをします。その際、予熱機能は使用しないでください。予熱機能を使用すると、その温度に達した後、230℃に下がる場合があります。また、予熱完了のアラームが鳴っても実際は庫内全体が設定温度に達していないことがほとんどです。最高温度に設定し、必ず最低40分は空焼きしましょう。

生地の上にオーブンシートをかぶせる

板もしくはダンボールにオーブンシートを敷いて生地を載せ、その上にさらにオーブンシートをかぶせます。生地をそのままオーブンに入れると表面が固まってクープが開きにくくなります。オーブンシートをかぶせて直接風が当たらないようにすることで、表面の固化を防ぎます。

5分間スチームを入れる

十分に温まった天板の上に板ごと生地を載せ、板だけを引き抜きます。上にかぶせたオーブンシートが飛ばないように磁石を置き、5分間スチームを入れてください。スチーム機能がない場合は、予熱の際に小石（100円ショップで売っている園芸用や金魚用など）を入れたバットをオーブンの下段に入れておき、生地を入れた後、小石に50ccの熱湯をかけてスチームを発生させます。生地を入れて5分間が最も大きく膨らむ時間帯なので、最高温度のまま5分焼成します。

※どちらもできない場合は、生地をオーブンに入れた後、庫内の上部に向かって霧吹きで水（できたら熱湯）を大量にかけてください

残り時間はレシピ通りの 温度で焼成する

5分経ったら生地にかぶせたオーブンシートを外し、レシピ通りの温度に設定して残り時間を焼きます。

キャンバス地の使い方

1

端から2cmを裏側に折り、さらにもうひと折りする。

2

折った生地を目玉クリップなどで2箇所留める（私のキャンバス地は固く、留めないと元に戻ってしまうためクリップで押さえていますが、クリップを留めなくても山がそのままの場合は留めなくても構いません）。

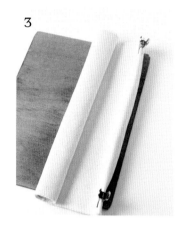

3

キャンバス地を板（ダンボールなど）に載せる。生地を載せる際はクリップを留めたほうから順番に載せ、生地と生地の間にキャンバス地で山を作る。

作業台に生地がついてしまったら…

作業台にパン生地がこびりついてしまった時は、食器を洗うスポンジに水をつけて拭き取りましょう。そのあとダスターで本拭きをするとあっという間にきれいになります。

使い終わったボウルを綺麗にするには…

ボウルを洗う時は、水に十分つけておいてから、カードの丸い部分でボウルに残っている生地をぬぐいましょう。スポンジにグルテンがつかなくなります。

発酵生地が余ったときのおまけレシピ

Lesson 3のクロワッサンとデニッシュで使用する発酵生地（p.41参照）が余ったら、
リメイクして美味しく活用しましょう！

プチパン

1個あたり50gくらいに分割して丸め、35℃で30分発酵させる。
生地が一回り大きく膨らんだら、クープ、もしくはハサミで切り込みを入れ、250℃のオーブンで8分焼く。

クリスピーピザ

p.9を参考に、オーブンに天板を入れて最高温度で予熱を入れておく。
生地全体に打ち粉をたっぷりつけて、めん棒もしくは手で生地を薄く伸ばす。
ピザソース、ピザ用チーズ、お好みの具を散らし、オーブンの最高温度で3〜6分焼く。

※形は気にせず自由に伸ばしましょう！3分くらいで焼けるようにしっかりと天板を温めておくと、美味しいピザが焼けます

パンタイプのふわふわピザ

生地の厚さが3〜5㎜くらいになるようにめん棒で伸ばし、35℃で20分発酵させる。
ピザソース、ピザ用チーズ、お好みの具を散らし、200℃に予熱したオーブンで10分焼く。

※ピザは3〜5日たった生地で作るほうが美味しく
出来上がります！
残った生地は冷凍保存可。使用する際には冷蔵庫で
ゆっくりと解凍し、室温に戻して使ってください

Lesson 1

ガイドラインを引くだけで必ずクープが開く
高加水のバゲット

師匠のシニフィアン シニフィエの志賀シェフに言われた言葉があります。
「上手になりたければ同じパンを毎日作りなさい」
心にとても残り、それから1年間毎朝4本のバゲットを焼き続けました。
それこそ最初の半年は1日も休むことなく。
バゲットは粉の味を楽しむパンです。材料も成形もシンプル。その分ごまかすことができない、技術がそのまま表れる難しいパンです。
毎日違うやり方で成形をしたり、ときにはわざと失敗したりすることで、なぜうまくできないのかを探し続け、何度も繰り返し作り、自分なりの方法を見つけました。

この本のバゲットは高加水・低温長時間発酵で作ります。
「高加水」とは、粉の量に対して水分量が多いこと。「低温長時間発酵」とは、低い温度でゆっくり発酵させることをいいます。
高加水のパンはしっとりしてモチモチした食感のパンに仕上がるのが特徴です。また長時間発酵させることで生地が熟成され芳醇な香りがするパンが焼き上がります。

クープがカパッと開いた格好いいバゲットを焼くコツは、思い切りよくクープを入れることと、高温でパリッと焼くこと。
ご家庭のオーブンでも、この本のやり方を守ってしっかり天板を温めれば、格好いいバゲットが焼けます。

基本の
プレーンバゲット

高加水の生地はかなりべたつくので、初めて作る人は驚くかもしれません。ポイントは打ち粉を多めに使い、打ち粉のついている部分のみ手で触るようにすること。打ち粉が多くてもあとで払えば大丈夫です。ただし、打ち粉を生地の内側にはあまりつけないように気をつけて。そのまま焼成後も残ってしまう場合があります。

バゲットのポイント

タッパーについて

タッパーはできるだけ10×10×10cmのものを使用するようにしましょう。タッパーの体積が同じでも高さがなく、面積の広いタッパーを使うと、横に広がってから上に発酵していきます。
そのまま上に発酵する生地に比べてグルテンの力が弱くなりますので、できる限り指定の大きさに近いタッパーを使用してください。私はダイソーで売っている4個1パックのタッパーを使っています。

モルトについて

市販のモルトにはシロップとパウダーの2種類があります。
シロップタイプの場合はあらかじめモルト1に対して水1で希釈しておき、計量してください。シロップとパウダーはイコールではありませんが、ご自宅で楽しむパン作りですので同量を計量してください。

板とキャンバス地、
生地取り板について

天板の大きさに合わせた板、またはダンボールを使います。キャンバス地は購入したまま使用すると大きい場合があります。使いやすい大きさにカットすると便利です。私は33×56cmにカットして使用しています。
生地取り板は35×10cmの板にストッキングをかぶせて使用しています。余ったキャンバス地をダンボールに巻きつけて使ってもいいですね。

成形について

生地を閉じる時は、端から端まで同じ力を加えてください。押さえる力が違うと窪みができます。指や手のひらは小刻みに移動させましょう。大きく移動させると生地の張り加減が違っていたり閉じがゆるい箇所ができてしまい、クープの開きに影響します。

基本のバゲットの作り方

材料（約28cm 2本分）

リスドォル…230g
インスタントドライイースト…0.2g
塩…4g

水…135g
コントレックス…30g
モルト…2g

1

タッパーに水、コントレックス、モルトを入れてから粉類を加え、ゴムベラで粉気がなくなるまでよく混ぜる。

2

粉気がなくなったら、ゴムベラに生地を引っ掛けて切れる直前まで生地を伸ばし、二つ折りにして生地を落とす。タッパーを回転させながら4回繰り返す。タッパーに蓋をして室温（20〜28℃）で20分おく。

※このとき、生地はあまり伸びずに切れることが多いです。やりにくければ手で生地を持って伸ばしましょう

3

20分経ったら生地にパンチをする。2同様に、「生地をゴムベラでしっかり伸ばし、二つ折りにして落とす」を、タッパーを回転させながら4回繰り返す。再びタッパーに蓋をして室温で20分おく。
（1回目のパンチ）

※先ほどに比べ生地が伸びるようになりますが、4回目はあまり伸びません

4

20分経ったら同様に4回生地を伸ばす。（2回目のパンチ）

※3のパンチよりも生地がなめらかになりよく伸びます。3回目からあまり伸びなくなりますが、必ず4回伸ばしてください

5

タッパーに蓋をし、生地が2倍くらいになるまで室温（20〜28℃）で発酵（5〜10時間）させる。

6

生地の高さが2倍になったら冷蔵庫に入れ、室温で発酵させた時間と合わせて17〜24時間置く。

※ミキシング後の生地の高さに合わせてタッパーに輪ゴムをかけておくと見極めがしやすいです。

7

生地を冷蔵庫から出し、全体を優しく触ってべたつく箇所がなくなるまで打ち粉をする。タッパーと生地の間にカードを差し込み、すき間を作る。オーブンに天板を入れ最高温度で予熱を入れておく。

8

タッパーをひっくり返し生地を出す。

※生地が自然に落ちてくるのを待ちます

9

200gに2分割する。

※ゆっくりカットするとカードに生地がつくので、生地の下まで一気にカードを入れ、すぐに左右に生地を離しましょう

10

手前から生地をゆるく巻き、巻き終わりを上にしてさらにひと巻きし俵型にする。巻き終わりを下にして20分そのまま休ませる。

※この形が最後まで影響するので、丁寧に左右対称の俵型にしましょう

11

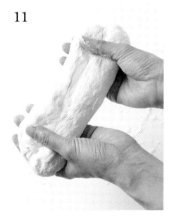

生地に打ち粉をつけて両手で持ち、やさしく左右に生地を引っ張る。

12

打ち粉をした台に置き、手前から3分の1折り、端から2mm内側を軽く押さえる。

13

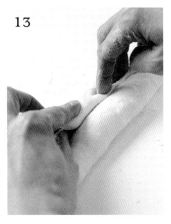

少し重なるように向こう側から生地を持ってきて、端から2mm内側を軽く押さえる。

14

生地を張らせながら親指を包み込むように向こう側から二つ折りにし、合わせ目をしっかり閉じる。

※下の生地に上の生地を2mmくらいかぶせ、右手を手前に動かすように生地を閉じます

15

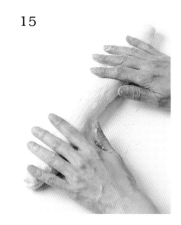

両手で生地を転がし、26cmくらいまで伸ばす。

16

キャンバス地に載せ、35℃で30分発酵させた後、冷蔵庫に15分置く。

※キャンバス地に生地を載せる時は成形後手前だった部分がクリップのある方向に必ず置いてください。逆にするとクープが開きません

17

クリップのあるほうを左に置く。

18

生地取り板を使って生地をオーブンシートに移す。

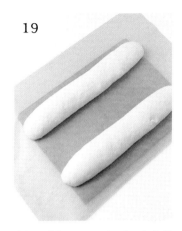

19

左側が手前になるようにし、打ち粉を振るう。

※成形が終わった状態（16）と同じ位置にします

20

クープを4本入れる（クープの入れ方参照）。

21

生地にオーブンシートをかぶせ、スチームを入れ最高温度で5分焼く。
5分たったらオーブンシートを外し、230℃で10分焼く

22

焼き上がったらオーブンから出し、ケーキクーラーの上で粗熱をとる。

※オーブンからパンを出して少したってから、パチパチパチという「天使のささやき」が聞こえたら、いいバゲットが焼けた証です

※1cmくらいにカットして食べるのがおすすめです

point　クープの入れ方

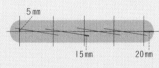

5mm
15mm 20mm

クープは切ろうとしないで一気にナイフを引きましょう！ ナイフをゆっくり動かすと、生地に引っかかりうまくクープが入りません。クープを入れた後、生地がギザギザになっていたらクープナイフがうまく引けていないということです。家庭用のオーブンでは深めに入れないとクープが開きにくいので、深さ2〜3mmくらいがベストです。

替え刃式クープナイフ
刃の円になっているほうを手前に向け、刃の角5mmのところを使ってカットします。刃を少し手前に傾けて使います。

ビクトリノックスのクープナイフ
刃を生地に対して並行になるように置きます。少しクープナイフが沈むくらい生地に押し付け一気にナイフを引きます。

和風エピ

オーブンに生地を入れる
と磯の香りがより漂い、
まるで美味しさが想像で
きるよう

材料（約28cm 2本分）

リスドォル…230g　　塩…4g　　モルト…2g　　アゴの出汁…5g
インスタント　　　　水…135g　　あおさ…5g
ドライイースト…0.2g　コントレックス…30g　桜えび…6g

作り方　「基本のバゲット」手順1の粉類を加える際にアゴの出汁とあおさと桜えびを一緒に入れ、手順19まで同様に作る
　　　　（9の分割は208gを2個）。

20

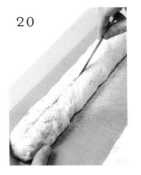

打ち粉を振り、生地の中心
に1本浅めに切り込みを入
れ、その両サイドにも1本
ずつ切り込みを入れる。

21

2cmくらいの位置で、45
度の角度にハサミを傾け、
刃先をオーブンシートにつ
くくらいまで深くおき、生
地をカットする。

※ハサミに生地がくっついて
しまうときは、ハサミに打ち
粉をつけてください。

22

2cm幅で同じようにカット
し、カットするたびに生地
を左右にずらして形を整え
る。

23

生地にオーブンシートをか
ぶせてオーブンに移し、
p.9のやり方でスチームを
入れて最高温度のまま5分
焼く。その後オーブンシー
トを外し、温度を230℃に
下げて8分焼く。

桜のバゲット

焼き上がってカットした時に、桜のピンク色が見えるとちょっぴり嬉しくなるバゲット

材料（約28cm 2本分）

リスドォル…230g	塩…4g	モルト…2g
インスタント	水…135g	桜の花の塩漬け…10g
ドライイースト…0.2g	コントレックス…30g	桜の葉の塩漬け…7g

※桜の花の塩漬けは、一晩水に漬けて塩抜きをする
※桜の葉の塩漬けは、水ですすぎ、中心の葉脈を取り除いて5mm幅にカットする

作り方

「基本のバゲット」手順1の粉類を加える際に桜の花と葉の塩漬けを一緒に入れ、手順19まで同様に作る（9の分割は205gを2個）。

20

手に打ち粉をつけ、生地を持ち上げる。

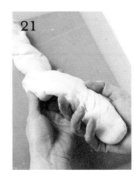

21

生地をやさしく引っ張る。

22

生地を自由にねじり、木の棒のようなイメージで成形する。

23

生地にオーブンシートをかぶせてオーブンに移し、p.9のやり方でスチームを入れて最高温度のまま5分焼く。その後オーブンシートを外し、温度を230℃に下げて10分焼く。

ベーコンエピ

生地を切り落としてしまうくらい深
くハサミを入れるとシャープで格好
いいエピに！

材料（約28cm　2本分）
リスドォル…230g
インスタントドライイースト…0.2g
塩…4g
水…135g
コントレックス…30g
モルト…2g
ベーコン…4枚

作り方　ベーコン以外の材料で「基本のバゲット」手順10まで同様に作る。

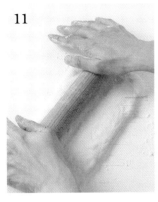

11

打ち粉をした台に生地を置き、め
ん棒で、縦はベーコン2枚分プラ
ス1cm、横はベーコンより2cm長
く伸ばす。

12

ベーコンを2mmくらい重なるよう
に置く。

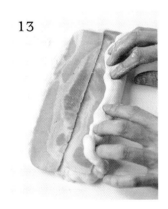

13

手前からくるくると巻いていく。

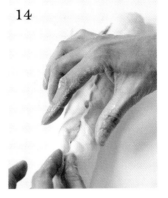

14

巻き終わりをつまむようにしてし
っかりと閉じる。

15

キャンバス地に移し、35℃で30分
発酵させる。室温で発酵させる時
は生地が乾かないようにキャンバス
地をかぶせ、生地の横を指で押し
た時に指の跡が残るまで発酵する。

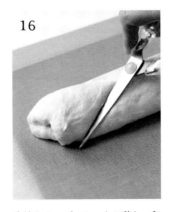

16

生地をオーブンシートに移し、和
風エピ（p.20）と同じように、先
端から2cmくらいの位置でハサミ
を生地に対して45度に傾け、深く
カットする。深く切れていない場
合はさらに切り込みを入れる。

※完全に切り離れてしまった場合は、
重ねておけばつきます

17

2cm幅で同じようにカットしてい
き、カットするたびに生地を左右
にずらして形を整える。

※ハサミに生地がくっついてしまう
ときは、ハサミに打ち粉をつけてく
ださい

18

生地にオーブンシートをかぶせて
オーブンに移し、p.9のやり方で
スチームを入れて最高温度のまま
5分焼く。その後オーブンシート
を外し、温度を230℃に下げて10
分焼く。

arrange

ベーコンにこしょう・
マスタード・カレー粉
・クミンシード・粉チー
ズなどをかけても美
味しいですよ♪

Lesson 2

成形の仕方で味や食感が変わる
自家製酵母のカンパーニュ

「田舎」という意味のカンパーニュ。丸い形が
一般的ですが、オーバル型（ラグビーボール型）
やバゲット型もあります。

同じレシピでも成形やクープの入れ方を変える
と、生地の伸び方が変わり、食感や味が異なる
カンパーニュを味わうことができます。

まずはレシピ通りに、慣れてきたら、同じレシ
ピで別の成形やクープの入れ方を試して、違い
を実感してみてください。

カンパーニュのポイント

水分量について

パン作りに慣れている人は、水の量をレシピよりも10〜15g増やして作ってみましょう。少し生地がべたつきますが、大きめな気泡ができて焼き上がりが違ってきます。ぜひチャレンジしてみてくださいね。

成形について

成形するときは、生地を広げた状態で中心だった箇所に生地を集めるようにしましょう。
生地は折りたたむうちに中心がずれてきます。ふきんの中心を輪ゴムで縛って、成形の練習をしてみてください。もともとの生地の中心がどこにあるのかがわかるはずです。

発酵について

最終発酵に使うボウルは、15cmまたは18cmのどちらでも構いません。生地をピンッと張らせるように成形ができない場合は15cmのボウルを使用することをお勧めします。生地が横に広がらず、縦に伸びます。

クープの入れ方について

具がたくさん入った生地にクープを入れる時は、細かく入れましょう。大きくクープが開いてしまうと、ドライフルーツが焦げてしまったり、チョコレートが流れ出てしまうことがあります。あまり深く入れず細かく入れることによって、小さいクープがたくさん開くことになります。

レーズン酵母の作り方

材料（直径8cm×高さ13cm程度のビン1回分）

レーズン…100g
　（オイルコーティングしていないもの、なるべく新しいもの）
グラニュー糖…25g
ぬるま湯（32℃）…200g
モルト…2g

作り方

1　煮沸消毒したビンにぬるま湯・グラニュー糖・モルトを入れてよく混ぜ、レーズンを加えたら蓋をしてしっかりと振り混ぜる。温かい場所で発酵させる。

2　1日2回（朝晩）撹拌し、その都度蓋を開ける。

3　レーズンが水分より完全に浮き上がっている状態になったら初種の完成。またはビンを撹拌して蓋をゆるめたときにプシュッと音がして泡が上に上がってきたら出来上がりです。冷蔵庫で保管し、液だけ（液種）を使用してください。

※泡が上がってきているときに蓋を開けると酵母が溢れ出てしまいます。泡が収まるのを待ってから蓋を開けましょう

レーズン酵母を使うときはよく混ぜてから使用しましょう。
ビンの底に溜まっている澱の中にも酵母がたくさんいます。また残ったレーズンにも汁が含まれていますのでしっかり絞って使い切ってください。絞りきったレーズンは旨味が抜けてしまっています。残念ですが、ありがとうと言って（笑）処分しましょう。

種つぎの仕方

前種（以前作ったレーズン酵母）
　…小さじ1またはレーズン3～4粒
レーズン…100g
　（オイルコーティングしていないもの、
　なるべく新しいもの）
グラニュー糖…25g
ぬるま湯（32℃）…200g
モルト…2g

作り方

煮沸消毒したビンにぬるま湯・グラニュー糖・モルトを入れてよく混ぜ、前種とレーズンを加えたら、初種と同様に作ります。

レーズン酵母は1ヶ月くらい使用できます。ただし日数が経った酵母は発酵する力が弱くなります。レーズン酵母だけでパンを作る時は（本書にはありませんが）粉にインスタントドライイーストを極少量を加え、発酵の手助けしてもらいましょう。
また、1ヶ月以上経過してしまった場合、レーズン酵母を使わないレシピの仕込み水の1～2割をレーズン酵母に変えると、旨味として使用することができます。

※この状態はまだ完成していません

基本の
カンパーニュ

噛みしめるほどに粉の滋味深い味わいが感じられるプレーンなカンパーニュ。
薄くスライスして（7〜8mmくらいがおすすめ）バターやディップをつけても、サンドイッチにしても、素材の味わいを引き立ててくれる美味しさは格別です。

《 基本のカンパーニュの作り方 》

材料（約16cm 1個分）

リスドォル…120g
全粒粉…50g
ライ麦…30g
インスタントドライイースト…1.5g
塩…4g
レーズン酵母…30g
水…110g

1

材料を全てボウルに入れ、カードの丸い部分を使い手早く混ぜ合わせる。

2

粉気がなくなったら台に出す。

3

手のひらの付け根で生地を台にこすりつけるようにして、材料を混ぜ合わせる。

4

混ざってきたら、両手で生地を持ち上げて台にたたきつける。

5

両手で生地を持ったまま、手前に引っ張るようにしてから二つ折りにする。

6

4〜5を、生地の表面がつるっとして弾力がでて伸びにくくなるまで繰り返す。

7

強いグルテンができているか確認する。生地の一部を軽く押さえ、もう一方を振りながら伸ばした時に、生地がすぐ切れずに弾力があるようであればグルテンができている。ここからさらに5分ほど捏ねましょう。より強いグルテンができて、しっかり膨らむ。

※グルテンとミキシングについては、p.56をご参照ください

8

生地を丸めてボウルに入れラップをし、1.5倍になるまで30℃で40分発酵させる（写真は発酵後）。

9

15cmまたは18cmのボウルにふきんをかけ、茶こしで打ち粉を振るう。

10

台に打ち粉をし、閉じ目を上にして生地を出す。生地の表面に軽く打ち粉をして、全体を平らになるよう押さえる。

11

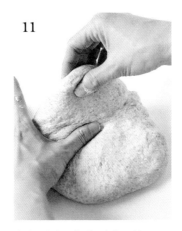

生地の中心に左手の親指を置き、上部の生地が親指を少し超えるところまで持ってくる。

12

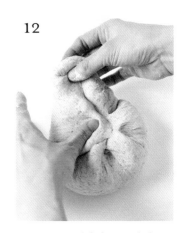

同じように、反時計回りに生地を回しながら、上部の生地を中心に持ってくる。

13

一周したら周りから生地を集めて中心でしっかりと閉じ、閉じ目を上にしてボウルにそっと入れる。35℃で50分発酵させる（室温で発酵させる時は、ふきんを生地にかぶせ、ラップをふんわりかけ、1.5倍になるまでおく）。発酵させている間に、オーブンに天板を入れ、最高温度で予熱を入れる。

14

1.5倍まで膨らんだら、発酵完了。

15

ボウルの上にオーブンシートと板を順番に載せ、板ごとボウルをひっくり返す。

16

ボウルとふきんをとる。
※ふきんに生地がついてしまったら、カードでそっと取る

17

クープを十字に入れる。p.9のバゲット・カンパーニュの焼き方を参考に、天板に生地を載せてオーブンシートをかぶせ、スチームを入れて最高温度で5分焼く。5分たったらオーブンシートを外し、温度を230℃に下げて20分焼く。

point

オーブンに入れた後はあまり釜伸びしない（大きくならない）パンです。最終発酵をしっかり取るようにしましょう。

抹茶と甘納豆の
カンパーニュ

カンパーニュ
フリュイ

抹茶のお味をかなり濃くした和風カンパーニュ。甘納豆など甘いものを入れない場合は苦く感じることがあるので抹茶を少し減らしてください。可愛らしいお花の成形にしました。焼成前にそれぞれの生地にハサミで端から中心に向かって2cmくらい切り込みを入れるとより可愛らしいお花の形になります。

ドライフルーツをぎっしり詰め、お洒落な葉っぱのクープを入れました。ドライフルーツはそのまま使用すると生地の水分を吸ってしまうので、必ず水に浸してよく水切りしてから使いましょう。そうするとドライフルーツがふっくらして美味しくなります。お好みのドライフルーツに変えてもOKです。

カンパーニュ
ショコラ

くるみと
クランベリーの
カンパーニュ

ビターなチョコレートとドライフィ
グの組み合わせが大人の味。チョコ
があふれないように細かいクープを
たくさん入れています。同じ方向に
入れるのではなく、いろんな方向に
クープを入れるようにしましょう。

お店でも人気の王道な組み合わせ。
くるみはカットせずにホールのまま
使いましょう。パンはカットして食
べることがほとんどです。カットし
たくるみを使うと、食べた時に食感
をあまり感じなくなります。

抹茶と甘納豆のカンパーニュ
⇒p.36 お花の成形

カンパーニュ フリュイ
⇒p.36 丸い成形＋葉っぱのクープ

材料（約16cm 1個分）

リスドォル…120g
全粒粉…50g
ライ麦…30g
抹茶…10g
インスタントドライイースト…1.5g
塩…4g
レーズン酵母…30g
水…120g
甘納豆…80g

材料（約16cm 1個分）

リスドォル…120g
全粒粉…50g
ライ麦…30g
インスタントドライイースト…1.5g
塩…4g
レーズン酵母…30g

水…110g
レーズン…40g
カレンズ… 20g
グリーンレーズン…20g
クランベリー… 20g

※ドライフルーツは水に15分浸し、ザルにあけ、よく水気をとる

具入りカンパーニュ生地のミキシングの仕方

「基本のカンパーニュ」手順7まで同様に作る。

7-1

生地を約25cm×25cmに広げる。

7-2

生地の半分に、3分の2量の具を散らす。

7-3

具のない生地をカードではがし、具の上に重ねる。

7-4

残りの具を生地の上半分に散らす。

カンパーニュ ショコラ

⇒p.37 丸い成形＋細かなクープ

材料（約16cm 1個分）

リスドォル…120g
全粒粉…50g
ライ麦…30g
ココア…20g
カカオニブ… 15g
インスタントドライイースト…1.5g
塩…4 g
レーズン酵母…30g
水…130g
チョコレート…40g（1cmにカットする）
ドライフィグ…40g（2cmにカットする）

くるみとクランベリーのカンパーニュ

⇒p.37 ラグビーボール型の成形

材料（約18cm 1個分）

リスドォル…120g　　　　　レーズン酵母…30g
全粒粉…50g　　　　　　　水… 110g
ライ麦…30g　　　　　　　クランベリー…40g
インスタントドライイースト…1.5g　くるみ…40g
塩…4 g

※クランベリーは水に15分浸し、ザルにあけ、よく水気をとる。
くるみは160℃のオーブンでローストした後、水に15分浸して
ザルにあけ、よく水気をとる

7-5

生地の下半分をカードではがし、具の上に重ねる。

7-6

生地をカードで2等分する。

7-7

カットした生地を重ね、上から軽く押さえる。

7-8

7-6→7-8を7〜10回ほど繰り返し、具を全体に混ぜ合わせる。混ざったら生地を丸めて、「基本のカンパーニュ」手順8と同様に30℃で40分発酵させる。以降p.36〜37のいずれかの成形をする。

具入りカンパーニュ生地の成形の仕方3種

［お花の成形］

1

生地を6分割する。

2

それぞれの生地を丸める。

3

閉じ目を下にして6個の生地を円形に並べ、中心に向かって寄せる。

4

カードで生地を持ち上げて、裏返しにする。

5

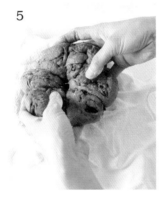

裏返しのまま、形を崩さないように打ち粉を振るったふきんをかぶせたボウルに入れる。

6

35℃で50分発酵させる。以降、「基本のカンパーニュ」手順14から同様に作る。

［丸める成形］

1

打ち粉をした台に閉じ目を上にして生地を出し、手のひらで軽く生地を広げる。

※裏の部分に大きな具が出てしまっていたら、取り除いて生地の上に載せる

2

生地の中心に親指を当て、親指を少し超えるくらいまで上部の生地を持ってくる。

葉っぱのクープの入れ方

上の写真のように、真ん中に1本クープを引き、その両サイドに葉脈状葉っぱの輪郭のクープを入れる。

［ラグビーボール型の成形］

3

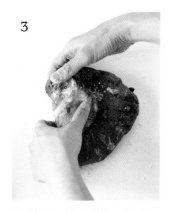

再び生地の中心を親指で軽く押さえ、生地を反時計回りに回転させながら、「基本のカンパーニュ」手順**12～13**と同じように生地を集め、中心をしっかりと閉じる。

4

ボウルにそっと入れ、35℃で50分発酵させる。以降、「基本のカンパーニュ」手順**14**から同様に作る。

細かなクープの入れ方

クープナイフを浅めに引くようにし、細かなクープをいろんな方向にたくさん入れる。
※クープが深すぎたり大きすぎたりすると、具が出てきてしまうので注意してください

1

打ち粉をした台に生地を出し、縦16×横12cm程度に広げる。生地の奥から3分の1を手前に折り、軽く押さえる。

2

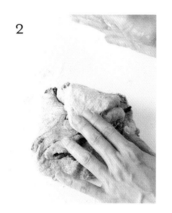

両サイドから三角に折り、すき間ができないようにしっかりと押さえる。

3

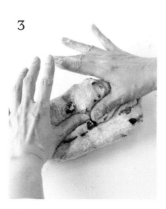

三角の部分を手前に折り曲げ、親指で向こう側に押して生地をピンと張らせる。

4

手前に向かって二つ折りにし、下の生地に上の生地を2mmほどかぶせ、右手の付け根で小刻みに押さえるようにして生地を閉じる。

5

両サイドが細くなるように軽く転がす。

6

キャンバス地に載せ、手前部分がわかるようにクリップなどで目印をつけ、35℃で50分発酵させる。以降、「基本のバゲット」手順**17**から同様にし、クープを1本入れ、焼成は「基本のカンパーニュ」の手順**17**と同様に作る。

Lesson 3

発酵生地で作る
クロワッサンとデニッシュ

せっかく時間をかけてクロワッサンを作った
のに「層ができない」「バターが流れ出てし
まう」「サクッと膨らまない」など、がっか
りした経験はありませんか？　クロワッサン
は綺麗な層を作ることが大切です。
生地を伸ばす間にバターが生地に吸収される、
バターの入っていない部分ができるなどが
うまく層にならない原因です。実はこれは、
生地を伸ばす時に「正しくめん棒を転がせて
いない」場合がとても多いのです。
ポイントをきちんと押さえ、サクッとした美
味しいクロワッサンを作りましょう。

クロワッサンのポイント

めん棒の使い方について

めん棒を使う時は、生地の中心にめん棒の中心を合わせるようにおきます。めん棒は約8cm幅の間をゆっくり転がすようにします。指先から手のひらいっぱいまでを使って均等に力をかけるような感覚で、同じ場所を8回くらい転がしてください。**生地を伸ばそうとするのではなく、横幅を揃えるようにするイメージです。** 結果的に生地は伸びています。

伸ばした後に生地が縮んでしまう時は、生地を伸ばしているのではなく、引っ張っているだけになっています。

生地の扱い方について

冷蔵庫もしくは冷凍庫で休ませた生地は、生地とバターの固さが違っています。すぐにめん棒で伸ばそうとすると、生地とバターが一緒に伸びずにバターが割れてしまいます。すると、バターの入っていない所ができてしまい、焼成後に層ができなくなります。バターが少し柔らかくなるまでは一気に伸ばさず、めん棒で生地を軽く押しながら少しずつ伸ばしていきましょう。

※生地を休ませる時は、乾燥しないようにふんわりラップに包みます

成形について

指先で生地を挟みながら生地の厚さを確認します。生地の厚さが均等になるように伸ばしましょう。**中心が厚くなりがちです。**

生地を伸ばしている途中で生地が伸びなくなったら、無理に伸ばさず、冷蔵庫もしくは冷凍庫で休ませるようにしてください。また、**成形が終わるまでは、生地を発酵させないようにしましょう。**

基本の
クロワッサン

この本では、発酵生地を使ってクロワッサンを作ります。
発酵生地とは、バゲットなどの生地を一部残してじっくりと発酵させたもの。時間をかけて発酵させた生地を使うことによって、パンに熟成された旨味を与えます。

〈 発酵生地 〉

材料（作りやすい量）

リスドォル…200g
インスタントドライイースト…1g
塩…4g
水…130g
モルト…2g

発酵生地の作り方

1 材料を全て混ぜ合わせ、台にこすりつけるようにしてよく捏ねる。

2 生地の表面が滑らかになったら28℃で60分発酵させる。

3 生地を左右に引っ張りながら3つ折りをし、向きを変えてさらに3つ折りをする。

4 28℃で60分発酵させる（冷蔵庫で保管し、2〜3日で使い切る）。

※余った生地は、そのまま伸ばして焼いてピザなどにしてもOK（p.11参照）
※室温で発酵させる場合は、生地が2倍くらいになるまで発酵させてください

〈 基本のクロワッサン 〉

材料（6個分）

リスドォル…200g
インスタントドライイースト…3g
塩…4g
砂糖…25g
スキムミルク…5g
発酵生地…40g
卵…25g
水…85g
無塩バター…10g
無塩バター（折り込み用）…120g

《 基本のクロワッサンの作り方 》

1 ミキシング

1-1

リスドォル〜水までの材料をよく混ぜ、台にこすりつけるようにしてよく捏ねる。生地の表面がなめらかになったらバター10gを混ぜ、ひとまとめにする。

1-2

厚さ1cmに広げ、ラップに包み冷凍庫で2〜3時間おく。

※できるだけ正方形にしておくと折り込みが楽になります

2 折り込みバターの作成

2-1

バターをラップではさみ、めん棒で押してつぶす。約12cm×12cmの正方形になるように伸ばす。

2-2

バターが12cm四方になるようにラップを綺麗に折りたたみ、すき間をめん棒で埋めていく。冷蔵庫で保管し、使用する時は軽く振って少ししなるくらいの固さにする。

3 折り込み

3-1

打ち粉をした台に生地を置き、めん棒で生地を伸ばす。この時、上下左右の端2cmは残し、四隅に膨らみが残る状態にする。

3-2

写真のように、バターがおける大きさまで伸ばせたら膨らみのある部分が正面にくるように置き直す。

3-3

生地の四隅の膨らんでいる部分を、3-4のようにバターが包める大きさまで伸ばす。

3-4

生地とバターの間にすき間がない
ように、四隅をぴったりと折りた
たんで包む。

3-5

めん棒で4辺を横から軽くたたき、
生地とバターをしっかり密着させ
る。

3-6

生地どうしが重なっている部分を
バッテンに、めん棒で少し生地が
へこむ強さで押す。次に中心から
端に向かって同じ強さでめん棒を
押していく。この時、上下1cmは
押さずに残しておくこと。

3-7

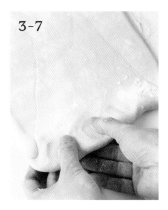

めん棒を中心から転がし、長さ約
30cmになるまで伸ばす。この時も、
上下部1cmは伸ばさずに残してお
く。30cmまで伸ばしたら、残した
1cmにたまっているバターを生地
と一緒に指先で丁寧に縦に伸ばす。

3-8

全体が均等な平らになるようめん
棒を転がす。手前3分の1を折り、
段差の部分にめん棒を当てて段差
をなくし、3つ折りにする。

3-9

めん棒で厚さ約1cmにし、冷蔵庫
もしくは冷凍庫で20〜30分休ま
せる。（1回目の折り込み）

3-10

生地の中心から端までめん棒で軽
く押す。めん棒を中心から転がし
縦35cm×横20cmの大きさに伸ばす。
3-8、3-9同様に、3つ折りにし、
厚さ約1cmにしたら冷蔵庫もしく
は冷凍庫で20〜30分休ませる。
（2回目の折り込み）

3-11

3-10をもう一度行う。
（3回目の折り込み）

process of croissant

4 成形・発酵・焼成

4-1

生地を、縦20×横35cmの大きさまでめん棒で伸ばす。

4-4

ガイドラインに沿って包丁を当て、包丁の先を指先で押さえて一気に下ろして生地をカットする。

4-7

巻き終わりを下にしてオーブンシートを敷いた天板に並べ、18〜28℃で60〜150分発酵させる。オーブンを200℃に予熱しておく。

4-2

生地の右上端から左上端に向かって、10cmごとにカードで印をつける。同じように、左下端から右下端に向かって、10cmごとに印をつける。

4-5

三角形になった生地の底辺を左手で持ち、右手の指先で生地の中心を軽く押さえ、やさしく指を下方に滑らせて生地を伸ばす。

4-8

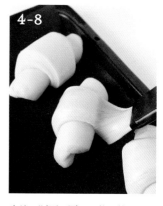

生地の断面の厚みが約2倍になったら、溶き卵（分量外）を表面に塗り、200℃のオーブンで15〜20分焼く。

※途中で開けると萎むので、焼き上がる5分前までは絶対にオーブンを開けないでください

4-3

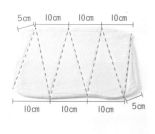

上下の印を線で結ぶように、カードでガイドラインを引く。
（二等辺三角形が6個できる）

4-6

台に生地をおき、三角形の底辺部分からゆるめに巻く。

クイニーアマンと
クロワッサン・サレ

基本の生地で、甘いおやつのクロワッサンと塩気のある大人のクロワッサンを作ります。クロワッサン・サレはワインのお供にも。

クイニーアマン

材料（6個分）

基本のクロワッサン生地…1/2量
グラニュー糖…適量
バター（5mm角にカット）… 10g

※基本のクロワッサン生地1回分を使って、クイニーアマンとクロワッサン・サレ両方を作ります。どちらかだけを作る場合は、材料を倍量にして作ってください

1

「基本のクロワッサン」と同じ材料で、手順3-9まで同様に作る。休ませた生地を中心から端までめん棒で軽く押し、縦60×横15cmに伸ばし、2等分（縦30×15cm）にカットする。1枚はクイニーアマン、1枚はクロワッサンサレに使用する。

2

生地の手前3分の2にグラニュー糖を振る。

※グラニュー糖の量が多いと水分が出てしまうので注意

3

3つ折りにし、冷蔵庫もしくは冷凍庫で20〜30分休ませる。（2回目の折り込み）

4

めん棒で縦30×横15cmに伸ばし、生地の手前3分の2にグラニュー糖を振る。3つ折りにし、冷蔵庫もしくは冷凍庫で20〜30分休ませる。（3回目の折り込み）

5

8cmセルクル型の内側にバターを塗り、クッキングシートを敷いた天板に並べる。セルクルの中に多めのグラニュー糖とバターを数かけ散らす。

6

めん棒で生地を横32×縦22cmに伸ばし、綺麗な長方形になるように周りの生地を切り落とす。

7

10×10cmを6枚カットする。

8

中心にグラニュー糖を載せる。

9

四隅を中心に折りたたみ、軽く押さえる。

10

セルクル型の中に並べ、18〜28℃で60〜150分発酵させる。生地の断面が2倍になればよい。オーブンを200℃に予熱しておく。

11

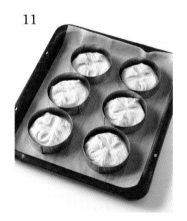

断面の厚みが約2倍になったら、霧吹きで表面に水をかけてグラニュー糖をまぶす。200℃のオーブンで15〜20分焼き、焼き上がったらセルクルを外し、粗熱をとる。

クロワッサン・サレ

材料（6個分）

基本のクロワッサン生地…1/2量
生ハム（1×2cmにカット）…50g
ガーリックパウダー…適量

※基本のクロワッサン生地1回分を使って、クイニーアマンとクロワッサン・サレ両方を作ります。どちらかだけを作る場合は、材料を倍量にして作ってください。

3

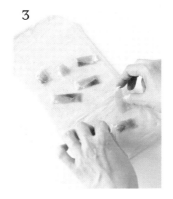

めん棒で縦30×横15cmに伸ばし、生地の手前2/3にガーリックパウダーを振り、残りの生ハムを載せる。3つ折りにし、冷蔵庫もしくは冷凍庫で20～30分休ませる。（3回目の折り込み）

6

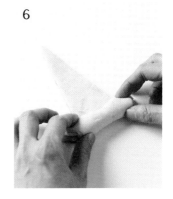

手前から巻く。

1

クイニーアマンの残りの生地の手前2/3にガーリックパウダーを振る。

4

休ませた生地をめん棒で横32×縦22cmに伸ばし、綺麗な長方形になるように両横を切り落とす。横に三等分し、さらにそれぞれの生地を二等分して直角三角形を6枚作る。

7

巻き終わりを下にしてオーブンシートを敷いた天板に並べ、刷毛でオリーブオイル（分量外）を塗る。18～28℃で60～150分発酵させる。オーブンを180℃に予熱しておく。

2

ガーリックパウダーを振るった上に生ハムを半量のせ、3つ折りにする。冷蔵庫もしくは冷凍庫で20～30分休ませる。（2回目の折り込み）

5

三角形の底辺の中心に2cmの切り込みを入れ、両サイドに広げる。

8

生地の断面の厚みが約2倍になったら、200℃のオーブンで15～20分焼く。

デニッシュブレッド

クロワッサン生地を食パン型で焼いて贅沢なデニッシュに。

材料（9.5×18.5×9cmの蓋つきの食パン型1個分）
基本のクロワッサン生地…1回分

1
型（蓋も含む）の内側にバター（分量外）を塗る。「基本のクロワッサン」手順**3-11**まで同様に作り、生地を縦32×横26cmに伸ばして、長方形になるように4辺を切り落とす。

2
5cm幅のリボン状になるように包丁で6等分する。

3
2枚ずつ重ねる。

4
三つ編みをする。

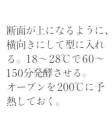

5
断面が上になるように、横向きにして型に入れる。18〜28℃で60〜150分発酵させる。オーブンを200℃に予熱しておく。

6
型の高さギリギリまで発酵したら、蓋をする。200℃のオーブンで10分焼いた後、190℃に下げて20分焼く。焼き上がったら型から出し粗熱をとる。

4種のデニッシュ

見ているだけで幸せになる華やかさ。
缶詰のフルーツを使う時はカスタード
を絞ってフルーツを置いてから焼きま
す。生のフルーツを使う時は焼き上が
ってからカスタードを絞りましょう。

パン オ レザン

フランスでは朝食の定番です。
パリジェンヌ気分で朝食にいか
がですか?

パン オ レザン

材料（6個分）

基本のクロワッサン生地…1回分

カスタードクリーム（作り方はp.68を参照）
卵黄…1個
砂糖…20g
コーンスターチ…9g
牛乳…125g

レーズン…50g（水に15分浸し、ザルにあけ水気をとる）

1

カスタードクリームを作り、冷えたらゴムベラで柔らかくしておく。「基本のクロワッサン」手順3-11まで同様に作り、めん棒で縦25×横35cmに伸ばす。上1cmを残してカスタードを全体に塗り、レーズンを散らす。

2

手前からゆるめに巻き、巻き終わりをしっかり閉じる。

3

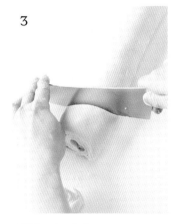

6等分にカットする。

4

カットした断層を上にしてアルミカップに入れる。

5

18〜28℃で60〜150分発酵させる。オーブンを200℃に予熱しておく。

6

生地の断層の厚みが約2倍になったら、表面に溶き卵（分量外）を塗る。200℃のオーブンで15〜18分焼く。

4種のデニッシュ

材料（8個分）

基本のクロワッサン生地…1回分

カスタードクリーム（作り方はp.68を参照）
卵黄…1個
砂糖…20g
コーンスターチ…9g
牛乳…125g

アプリコット（缶詰）…2個
イチゴ…2個
ブルーベリー…4個
ダークチェリー（缶詰）…4個
チョコレート（7×2cm）…2枚
　（板チョコでよい）
アプリコットジャム…適量

1

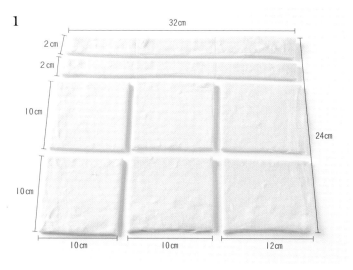

「基本のクロワッサン」手順**3-11**まで同様に作り、めん棒で横26×縦34cmに伸ばす。綺麗な長方形になるように4辺をカットし、下記のサイズになるよう写真のようにカットする。

・縦2×横32cm……2本 ・縦10×横10cm……4枚 ・縦10×横12cm……2枚

2

アプリコットのデニッシュ
縦2×横32cmの生地を持ち上げて向こう側へ4〜5回ひねる。

3

ひねったまま反時計回りにくるくると巻き、巻き終わりを生地の下に入れこむ。

4

イチゴとブルーベリーのデニッシュ
縦10×横10cmの生地（2枚）を三角に折り、両サイドを幅1cmにカットする。

※直角の部分は切り落とさない

5

生地を開き、カットした部分を交差させて反対側に置く。

6

ダークチェリーのデニッシュ
縦10×横10cmの生地（2枚）の四
隅から中心に向かって3cm切り込み
を入れる。

7

風車状になるように角を中心に折り、
中央を押さえる。

8

パン オ ショコラ
縦10×横12cm（2枚）の生地の、手
前から2cmの位置にチョコレートを
置き、生地を巻く。

9

巻き終わりを下にする。4種類の生
地をアルミカップに置き天板に並べ、
18〜28℃で60〜150分発酵させる。
オーブンを200℃に予熱しておく。

10

生地の断面の厚みが約2倍になった
ら、全ての生地の表面に溶き卵（分
量外）を塗る。3の中心にカスター
ドを絞り、アプリコットを1切れ置
く。7の中心にカスタードを絞り、
ダークチェリーを2粒置く。200℃
のオーブンで15分焼く。

11

粗熱が取れたら5の中心にカスター
ドクリームを絞り、イチゴ1粒とブ
ルーベリー2粒を置く。アプリコッ
トジャムに少量の熱湯（分量外）を
入れてよく溶かし、刷毛でフルーツの
表面を塗る。

Lesson 4

イーストで作る
お惣菜パンと菓子パン

お惣菜パンも菓子パンも、実はひとつの生地で作ることができます。基本の生地を覚えてしまえば、いろいろなパンを作れます。この章で紹介するレシピでも、トッピングや成形の組み合わせを変えてみたり、オリジナルのトッピングを加えてみたり、アレンジは自由です。ぜひ、あなたのオリジナルレシピを作ってみてください。

イーストで作るパン生地のポイント

ミキシングについて

イーストで作るお惣菜パンと菓子パン生地の一番のポイントは、ミキシングです。
はじめにもお伝えしたとおり、おうちでのパン作りのポイントは強いグルテンを作ること、そのためにしっかりとミキシングを行うことです。手作りのパンが翌日固くなってしまう大きな原因も、この「ミキシング不足」にあります。
次の3つのポイントを守って、しっかりとミキシングを行いましょう。

① 手のひらの付け根で大きく捏ねる

生地を捏ねる時は指先を使わず、手のひらの付け根を使うようにしましょう。指先を使って生地を捏ねるとくっついた生地が取りにくくやっかいですが、手のひらを使えば生地がついてもカードで取りやすく楽です。私は指先を上に向けるようにして作業します。また、生地を台にこすりつける時は大きく伸ばしてください。小さいと捏ねムラができてしまいます。

② 捏ねる時は上半身全体で

生地を転がす時に腕だけに力を入れていると、とても疲れてしまいます。実は私は腕の力で捏ねていません。では、どうやって捏ねているのでしょうか？　正解は、肩を台に入れ込むようにして、すなわち上半身全体を動かして捏ねています。身体の重みを使って自然に力をかけているので、疲れることもありません。ついでにウエストを回転させながら捏ねると、適度な運動にもなりますよ（笑）。

③ 強いグルテンのための「あと5分」

生地の表面がつるっとして弾力が出てきたら、グルテンの確認をしましょう。生地の一方を軽く押さえ、もう一方を振りながら引っ張ります。この時に、生地がすぐ切れなければ捏ね上がっています。すぐ切れてしまう場合は、切れなくなるまでミキシングを続けてください。
この時点でグルテンはできていますが、翌日以降もパンの柔らかさを保つ強いグルテンを作るには、ここからさらに捏ねる必要があります。機械と違って人間の手で捏ねる場合、ベーグルなど一部のパンを除き、捏ね過ぎになることはほとんどありません。この状態からもう少し生地を転がしてしっかりしたグルテンを作ります。生地が切れなくなってから少なくとも5分は捏ねてください。5分って結構長いです。もう5分経ったかなと思っても2分くらいしか経っていないことが多いので、キッチンタイマーなどで測りながら捏ねましょう。

基本のイーストパン生地の作り方

材料（1〜6個分）

イーグル…150g
インスタントドライイースト…3g
塩…2g
砂糖…15g
水…70g
卵…25g
バター…20g

1
バター以外の材料をボウルに入れ、カードの丸い部分で混ぜ合わせる。粉気がなくなったら台に出す。

2
手のひらの付け根で生地を台にこすりつけるようにして捏ねる。こすりつけた手と一緒に生地が戻ってくるまで繰り返す。

3
手で生地に力をかけて転がす。左手で左下から右奥に、右手で左奥に転がして戻すようにし、生地の表面がつるっとするまで繰り返す。

4
生地に弾力が出てきたら、p.56の**3**を参考にグルテンができているか確認し、さらに5分生地を転がしてしっかりとしたグルテンを作る。

5
バターをカードで細かくカットする。生地を少し広げてバターを置き、台にこすりつけるようにして捏ねてバターを混ぜ込む。

6
バターが混ざったら捏ね上がり。生地を張らせるように丸め、ボウルに入れてラップをする。約2倍に膨らむまで24〜30℃で40〜60分発酵させる（室温の場合は暖かいところに置く）。

7
人差し指にたっぷり打ち粉をつけて、生地に指を差し込む。抜いた後に穴が縮まなければ発酵終了。穴が縮むようならさらに数分発酵させ、再度フィンガーテストを行う。打ち粉をした台に生地を出し、手のひらで押さえてガスを抜く。

8
生地を47gずつ6分割する（この章のレシピはほとんど6分割で作ります）。生地を軽く丸め、ラップをふんわりかけて10分室温で休ませる。

3種のウィンナーパン

小さなお子さんと一緒に作れる成形から、
デートに持って行きたくなるような成形ま
でを、ウィンナーで楽しめます。

ウィンナーロール

ウィンナーパン

ウィンナーブレード

プロセスチーズパン

くるみとはちみつの
クリームチーズパン

ミモレット&
ゴーダチーズパン

3種のチーズパン

同じ生地でもチーズの種類が違うと、全く違う
パンになるから面白いです。

ウィンナーブレード

材料（2個分）

基本のイーストパン生地…1回分
ウィンナー…4本
ピザ用チーズ…30g
ケチャップ…適量
ドライパセリ…適量

1

「基本のイーストパン生地」手順8
まで同様に作る。閉じ目を上にし
て台におき、約8×12cmの楕円形
に伸ばす。

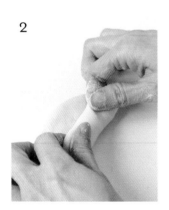

2

長辺から巻き、巻き終わりをしっ
かり閉じる。残りの生地も同様に
する。

3

片手で生地を転がして約20cmに
伸ばす。残りの生地も同様にする。

4

両手を使って35〜40cm長さに伸
ばす。残りの生地も同様にする。

5

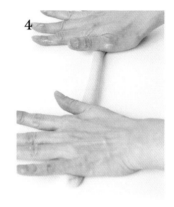

3本を並べ上部を軽くつまみ、三
つ編みをする。編み終わりをつま
み、両端の生地を裏側に少し折る。
残りの3本も同様にし、35℃で30
分発酵させる。オーブンを180℃
に予熱しておく。

6

生地が一回り大きくなったら表面
に溶き卵（分量外）を塗り、両端
1〜2cmを残して生地の中心にハ
サミで切り込みを入れる。

7

切り込みを入れた部分にウィンナー
を2本押し込む。

※焼いている間に押し戻されて浮い
てしまうことがあるので、きちんと
押し込んでください

8

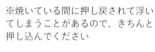

ピザ用チーズを散らしケチャップ
をかけ、パセリを振る。180℃の
オーブンで10分焼く。焼き上がっ
たらパセリを振る。

ウィンナーロール

材料（6個分）
基本のイーストパン生地…1回分
ウィンナー…6本

1 「ウィンナーブレード」の手順**4**まで同様に作る。ウィンナーの先に生地の端を当てて押さえ、その上に生地をかぶせるように一巻きする。

2 ウィンナーを回しながら、少しすき間を空けるようにして生地を巻きつける。

3 巻き終わりの生地をつぶし、一つ手前の巻きにくっつける。残りの5本も同様にし、巻き終わりを下にしてアルミカップに置き、天板に並べ35℃で30分発酵させる。オーブンを180℃に予熱しておく。

4 一回り大きくなったら180℃のオーブンで9分焼く。

ウィンナーパン

材料（6個分）
基本のイーストパン生地…1回分　　ケチャップ…適量
ウィンナ…6本　　　　　　　　　　ドライパセリ…適量
ピザ用チーズ…30g

1 「基本のイーストパン生地」手順**8**まで同様に作る。閉じ目を上にして台におき、めん棒で約8×12cmの楕円形に伸ばす。アルミカップに置き、天板に並べる。35℃で30分発酵させる。オーブンを180℃に予熱しておく。

2 一回り大きくなったら生地の表面に溶き卵（分量外）を塗り、ウィンナーを生地に押し込む。ピザ用チーズを散らしてケチャップを絞り、180℃のオーブンで9分焼く。焼き上がったらパセリを振る。

point
手で生地を伸ばすとき

生地を伸ばすときは指先から手のひらの付け根まで大きく使って転がしましょう。伸ばそうとするのではなく、生地を細くしていくイメージです。手前から転がす時は力を入れて、戻すときは力を抜きます。まず1カ所が細くなったら、手を外側に移動して次を細くします。
長く伸ばすときは一度に長く伸ばそうとせず、生地を休ませながら作業しましょう。スムーズに伸ばせるようになりますよ！

プロセスチーズパン

材料（6個分）

基本のイーストパン生地…1回分
プロセスチーズ…80g
　（8mm角にカット）
ピザ用チーズ…30g

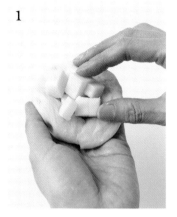

1

「基本のイーストパン生地」手順8
まで同様に作る。閉じ目を上にして
台におき、直径約8cmの円形に伸ば
す。プロセスチーズ13gを生地で包
み、しっかりと閉じてアルミカップ
またはクッキングシートに置く。
35℃で30分発酵させる。

2

一回り大きくなったら、ハサミで表
面に十字に切り込みを入れ、ピザ用
チーズを散らす。180℃に予熱した
オーブンで10分焼く。

くるみとはちみつのクリームチーズパン

材料（6個分）

基本のイーストパン生地…1回分
クリームチーズ…60g
くるみ…10g
はちみつ…10g

※くるみは160℃のオーブンで10分
ローストし、5mmくらいにカットし
ておく
※クリームチーズ・カットしたくる
み・はちみつをよく混ぜ合わせ、チ
ーズクリームを作る

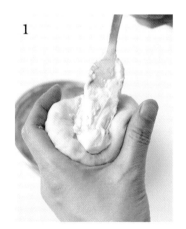

1

「基本のイーストパン生地」手順8
まで同様に作る。閉じ目を上にして
台におき、直径約8cmの円形に伸ば
す。チーズクリームを6等分して生
地で包み、しっかりと閉じてアルミ
カップまたはクッキングシートに置
く。35℃で30分発酵させる。

2

一回り大きくなったら、ハサミで表
面に十字に切り込みを入れ、180℃
に予熱したオーブンで10分焼く。

チェダー＆ゴーダチーズロールパン

材料（6個分）

基本のイーストパン生地…1回分
チェダーチーズ…50g（8mm角にカット。1/5を焼成用に残す）
ゴーダチーズ　…50g（8mm角にカット。1/5を焼成用に残す）

1

「基本のイーストパン生地」手順8まで同様に作る。閉じ目を上にして台におき、直径約8cmの円形に伸ばし、それぞれのチーズを6gずつ置く。

2

二つ折りにし、合わせ目をしっかり閉じ、アルミカップに置く。35℃で30分発酵させる。

3

一回り大きくなったら、クープナイフで両端を少し残し、クープを入れ切り込みの上に残しておいたチーズを置く。180℃で予熱したオーブンで10分焼く。

point
具を包む時

片手の親指と人差し指で輪を作り、具を置いた生地を輪の上に載せ、もう片方の手で生地を回しながら具を下に押し込みましょう。具の上まで生地がきたら、周りの生地を中心に集めてしっかりと閉じます。こうすると、全体の生地の厚さが均一になって綺麗に焼き上がりますよ！

缶詰を使った惣菜パン3種

レシピにある缶詰だけでなく、焼き鳥やいわし、カニ、コンビーフ、牛肉など、いろいろ楽しめます。水気をよく切って使ってくださいね。

「基本のイーストパン生地」手順8まで同様に作ります。分割した生地を、閉じ目を上にしてめん棒で12cmの円形に伸ばしてアルミカップに置き、具材を散らし、35℃で30分間発酵させます。一回り大きくなったら180℃に予熱したオーブンで10分焼いて出来上がりです。

ツナパン

材料（6個分）

基本のイーストパン生地…1回分
ツナ缶…1個
たまねぎ…30g
マヨネーズ・塩こしょう・パセリ
　…適量

作り方

1　ツナ缶は油をしっかりと切る。たまねぎは薄くスライスする。

2　1をよく和えて塩こしょうで濃い目に味付けをし、マヨネーズを加えよく和える（マヨネーズは多めに）。

3　生地の上に2を置き発酵させ、焼き上がったらパセリを振る。

コーンパン

材料（6個分）

基本のイーストパン生地…1回分
スイートコーン（缶）…60g
マヨネーズ・パセリ…適量

作り方

1　缶詰のスイートコーンはザルにあけ、キッチンペーパーで水気を切る。

2　生地にコーンを置き、発酵させる。

3　コーンの上にお好みの量のマヨネーズを絞り、焼き上がったらパセリを振る。

サバパン

材料（6個分）

基本のイーストパン生地…1回分
サバ缶（何味でも可）…1個
マヨネーズ…大さじ3
パン粉…大さじ2
粉チーズ…大さじ1
バジル…小さじ1
オリーブオイル…小さじ1

作り方

1　サバ缶の水気を切り、マヨネーズとよく混ぜ合わせる。

2　別のボウルにパン粉・粉チーズ・バジル・オリーブオイルをよく混ぜ合わせる。

3　生地の上に1のサバを置き発酵させた後、サバの上に2を散らして焼く。

材料（2個分）
基本のイーストパン生地…1回分
コロッケ（市販のものでOK）…2個

1

「基本のイーストパン」手順7まで同様に作り、生地を140gに2分割して軽く丸め、ラップをふんわりかけて10分室温で休ませる。休ませた生地をめん棒で縦10×横20cmに伸ばす。

2

生地の中心にコロッケを置き、両サイドにカードで6本の切り込みを入れる。

3

カットした生地を左右交互に編むようにして中心で重ね、最後の生地は手前の生地の下に入れ込む。アルミカップまたはクッキングシートに置き、35℃で30分発酵させる。

4

一回り大きくなったら、刷毛で表面に溶き卵（分量外）を塗り、180℃に予熱したオーブンで13分焼く。

コロッケパン

外からは何が入っているかわからない。あなたなら何を入れますか？ハンバーグ？焼きそば？

「基本のイーストパン生地」手順8まで同様に作ります。分割した生地を、閉じ目を上にしてめん棒で10cmの円形に伸ばしてアルミカップに置き、35℃で30分間発酵させます。

生地が一回り大きくなったら具材を載せて天板に並べ、180℃に予熱したオーブンで9〜10分焼いて出来上がりです。

きんぴらごぼう

材料（6個分）

ごぼう…1/4本
にんじん…少々
味噌…小さじ1½
酒…大さじ1
ごま油…少々

作り方

1 ごぼうはよく洗いささがきにし、水にさらしてアクを抜く。

2 にんじんの皮を剥き、細切りにする。

3 フライパンにごま油を入れて熱し、1と2を入れよく炒める。

4 酒で溶いた味噌を入れてよくなじませ、味を調える。

きのこのソテー

材料（6個分）

しめじ…1パック
エリンギ…1パック
にんにく…少々
オリーブオイル…小さじ1
バルサミコ酢…大さじ2
塩…少々
醤油…少々

作り方

1 しめじは石づきを取ってほぐし、エリンギは3cmくらいの短冊切りにする。にんにくはみじん切りにする。

2 フライパンにオリーブオイルとにんにくを入れて火にかけ、香りが出たらきのこを入れてよく炒める。

3 バルサミコ酢を入れてよく絡め、塩で味を調える。隠し味に醤油を少々入れる。

夕飯のおかずをリメイク！
きんぴらパン&きのこパン

和食の定番きんぴらごぼうとワインにもよく合うきのこのソテーをトッピング！実はパンって日本酒にも合うんです。

クッキー生地を作らない
メロンパン

レモンが効いたさっぱりとした
メロンパン！焼きたてのサクサ
クを食べられるのは作った人の
醍醐味ですね。

材料（6個分）

基本のイーストパン生地…1回分
グラニュー糖…適量

フィリング
バター…30g
砂糖…45g
卵…25g
薄力粉…50g
レモンの皮のすりおろし…1/2個分

フィリングの作り方

1 室温に戻したバターをボウルに入れ、ホイッパーで柔らかくする。砂糖を加え、白っぽくなるまで擦り混ぜる。

2 よく溶いた卵を少しずつ加え、その都度ホイッパーでしっかり混ぜ合わせる。

3 振るった薄力粉を加えてゴムベラで混ぜ合わせ、レモンの皮のすりおろしを加えさらに混ぜ合わせる。

4 絞り袋に入れ、使用する直前まで冷蔵庫に入れておく。

1

「基本のイーストパン生地」手順8まで同様に作る。生地をしっかり丸めなおし、上から軽く押さえる。フィリングを中心から外側に向かって絞る。

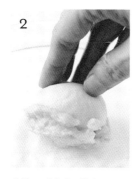

2

生地の下半分を持ち、フィリングの上にグラニュー糖をつける。

3

アルミカップまたはオーブンシートに生地を置き、カードの丸い部分を使って表面にメロンの網目模様をつける。24〜30℃で30〜50分発酵させる。

4

生地が一回り大きくなったら、170℃に予熱したオーブンで10分焼き、150℃に下げてさらに10分焼く。

クリームパン

レトロな形なのに味は新しい。パンもカスタードもふわふわ〜！

材料（6個分）

基本のイーストパン生地
　…1回分

カスタードクリーム
卵黄…2個
砂糖…45g
コーンスターチ…18g
牛乳…200g

カスタードクリームの作り方

1 卵黄をボウルに入れホイッパーでほぐし、砂糖を加えて白っぽくなるまで擦り混ぜる。コーンスターチを加え、粉気がなくなるまで混ぜる。

2 鍋で牛乳を沸騰直前まで温め、3分の1量を1に加えてよく混ぜる。残りの牛乳を加えて混ぜ、しっかり混ざったら鍋に戻し、炊いていく。

3 中火にかけてゴムベラで混ぜながらツヤが出るまでしっかり炊く。炊けたら火からおろし、バットまたはボウルに移して表面をラップで覆い、氷水に当てて冷ます。

※しっかり炊かないと卵や牛乳の匂いが残ります。沸騰してからツヤが出るまで3分くらいは炊きましょう

クリームパンの作り方

1 「基本のイーストパン生地」手順8まで同様に作る。閉じ目を上にして生地を縦12×横8cmの楕円形に伸ばし、奥側半分に6等分にしたカスタードクリームを置く。

2 生地を半分に折り、合わせ目をしっかりと閉じる。閉じ目を裏側に少し折り、アルミカップまたはオーブンシートに置き、35℃で30分発酵させる。

3 一回り大きくなったら、刷毛で表面に溶き卵（分量外）を塗り、カードで切り込みを3本入れる。180℃に予熱したオーブンで10分焼く。

チョココロネ

上から食べる派？下から食べる派？
チョコクリームが先っぽまでギッシリ。

材料（6個分）

基本のイーストパン生地
　…1回分

チョコクリーム
卵黄…1個
砂糖…40g
コーンスターチ…10g
牛乳…120g
A［ココアパウダー…10g
　牛乳…20g

チョコクリームの作り方

1　Aのココアパウダーと牛
　乳をよく混ぜておく。

2　p.68「カスタードクリー
　ム」手順3まで同様に作
　り、ツヤが出るまで炊け
　たら火からおろして1を
　よく混ぜ合わせる。混ざ
　ったらバットまたはボウ
　ルに移し表面をラップで
　覆い、氷水に当てて冷ま
　す。冷めたらホイッパー
　で柔らかくして絞り袋に
　入れる。

コロネの作り方

1

13×10cmのクッキングシ
ートを用意し、コルネ型
に巻く。コルネ型がない
ときは、直径3cm長さ13
cmの円すいを厚紙で作り、
ホチキスでとめてからオ
ーブンシートを巻く。

2

「基本のイーストパン生
地」手順8まで同様に作
る。閉じ目を上にして軽
く広げて手前から巻き、
しっかりと閉じる。生地
の片方が細くなるように、
約40cmの長さに伸ばす。

3

コルネ型の先端に生地の
細い部分を当てて指で押
さえる。押さえた部分に
重なるように生地をひと
巻きする。

4

少しすき間を空けながら
生地を巻いていき、巻き
終わりの生地はつぶして
手前の生地に押さえつけ
る。巻き終わりを下にし
て並べる。

※型より高い位置で生地を
持ち、生地を引っ張らずに
丸みをもたせるように巻
くと山がはっきり出ます

5

35℃で30分発酵させ、
一回り大きくなったら、
刷毛で表面に溶き卵（分
量外）を塗り、180℃に
予熱したオーブンで10
分焼く。

6

焼き上がったらコルネ型
を外す。粗熱が取れたら
チョコクリームを入れた
絞り袋の先をカットして
空洞にチョコレートクリ
ームを絞る。

あんパンの成形5種

同じあんパンも
成形一つで大変
身！今日はどの
形にする？

A

B

スタンダードな
丸型あんパン

食べやすい
花型あんパン

材料（6個分）

基本のイーストパン生地
　…1回分
あんこ（市販のものでOK）
　…200g

「基本のイーストパン生地」
手順8まで同様に作る。あん
こは6等分して1個ずつラッ
プに包んで茶巾状にしてお
く。生地とあんこをA〜Eの
好きな形に成形し、それぞれ
のレシピ通りに焼き上げる。

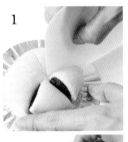

1／閉じ目を上にして生地を台に置き、
めん棒または手のひらで8cmの円形に
伸ばす。生地であんこを包み、閉じ目
を下にしてアルミカップまたはオーブ
ンシートに置き、35℃で30分発酵さ
せる。　2／一回り大きくなったら、刷
毛で表面に溶き卵（分量外）を塗る。
めん棒に卵をつけポピーシード（けし
の実）をつけて生地の中心を軽く押し
ポピーシードをつける。　3／180℃に
予熱したオーブンで10分焼く。

1／Aの丸型あんパンと同様にあんこ
を包み、閉じ目を下にしてアルミカッ
プに置き、手で軽く押さえる。真ん中
を5mmほど残し、中心から外に向かっ
て放射状に5本切り込みを入れる。
2／断面が上を向くように生地をねじ
る。5ヶ所とも同じ方向にねじり、
35℃で30分発酵させる。　3／一回り
大きくなったら、刷毛で表面に溶き卵
（分量外）を塗り、180℃に予熱したオ
ーブンで10分焼く。

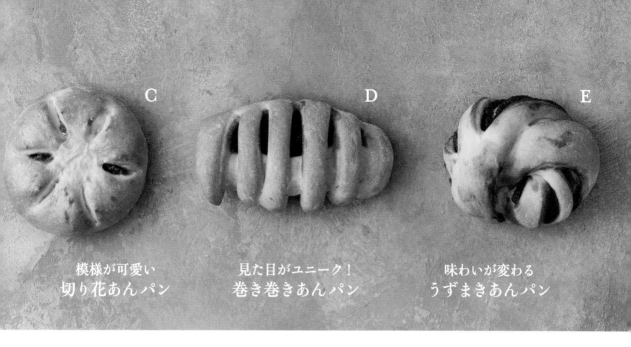

C　　　　　　　　D　　　　　　　　E

模様が可愛い
切り花あんパン

見た目がユニーク！
巻き巻きあんパン

味わいが変わる
うずまきあんパン

1／Aの丸型あんパンと同様にあんこを包み、閉じ目を下にしてアルミカップまたはオーブンシートに置き、手で軽く押さえる。35℃で30分発酵させる。2／一回り大きくなったら、刷毛で表面に溶き卵（分量外）を塗り、ハサミで6本の切り込みを入れる。3／180℃に予熱したオーブンで10分焼く。

1／閉じ目を上にして生地を台に置き、めん棒で12×8cmに伸ばす。生地の中心から上に向かって5本切り込みを入れ、下半分に俵型にしたあんこを置く。2／あんこ側から生地を巻き、巻き終わりを下にしてアルミカップに置く。35℃で30分発酵させる。3／一回り大きくなったら、180℃に予熱したオーブンで9分焼く。

1／Dの巻き巻きあんパンと同様に生地を12×8cmに伸ばし、あんこを生地の中心に縦長に置く。あんこを包むように生地を折り、合わせ目をしっかりと閉じる。2／閉じ目を上にしてめん棒で長さ約20cmに伸ばす。3／生地を二つ折りにし、端を少し残してカードで3本切り込みを入れる。4／生地を開いて上下逆方向にねじる。5／反時計回りに生地を巻き、巻き終わりを下に入れ込む。アルミカップに載せ、35℃で30分発酵させる。6／一回り大きくなったら、180℃に予熱したオーブンで9分焼く。

シナモンレーズン
ロール

定番のロールパン。
失敗がないので、自
信の一品にするのも
いいですね。

木の実のカラメルパン

フロランタンを食べているようなパンです。とろ〜り垂れたキャラメルが絶品！

ブッタークーヘン

「バターのお菓子」
という意味のドイツ
の発酵菓子。

材料（6個分）

基本のイーストパン生地…1回分
レーズン…50g（水に15分浸し
ザルにあけ、よく水切りする）
シナモン…大さじ1
グラニュー糖…大さじ1
アーモンドスライス…少々

作り方

1 「基本のイーストパン生地」手順**7**まで同様に作り、ガス抜きし、生地をゆるく丸める。ラップをふんわりかけて10分室温で休ませる。

2 めん棒で生地を縦20×横30cmに伸ばし、奥1cmを残してレーズンを散らし、シナモン・グラニュー糖をかける。

3 手前からゆるめに巻き、巻き終わりをしっかり閉じる。6等分にカットし、アルミカップに置く。35℃で30分発酵させる。

4 一回り大きくなったら、表面に溶き卵（分量外）を塗り、アーモンドスライスを散らして180℃に予熱したオーブンで9〜11分焼く。

材料（6個分）

基本のイーストパン生地…1回分
くるみ…20g
アーモンド…15g
カシューナッツ…15g
グラニュー糖…15g
バター…15g
はちみつ…15g
生クリーム…20g

作り方

1 ナッツ類は160℃のオーブンで10分ローストしておく。

2 フライパンにグラニュー糖・バター・はちみつ・生クリームを入れて火にかけ、木べらで混ぜて薄いきつね色になったら、ローストしたナッツ類を入れ絡める。少し粘り気が出てキャラメル色になったら火を止め、クッキングシートに移して冷ます。

3 「基本のイーストパン生地」手順**8**まで同様に作り、生地の閉じ目を上にしてめん棒で約8cmの円形に伸ばし、アルミカップに置く。

4 生地の中心に**2**を6等分して置き、35℃で30分発酵させる。

5 一回り大きくなったら、180℃に予熱したオーブンで9分焼く。

材料（直径26cmの丸型1個分）

基本のイーストパン生地…1回分
アーモンドスライス…40g
バター（5mm角にカット）…10g
グラニュー糖…大さじ1

作り方

1 「基本のイーストパン生地」手順**7**まで同様に作り、ガス抜きをし、ゆるく丸める。ラップをふんわりかけて10分室温で休ませる。

2 閉じ目を上にして生地を台に置き、めん棒で約25cmの円形に伸ばしオーブンシートに置く。35℃で15分発酵させる。

3 指先に打ち粉をつけ、生地全体に指先で穴を空ける。穴にカットしたバターを押し込み、アーモンドスライスを生地全体に散らしたら上からグラニュー糖を振りかける。

4 180℃に予熱したオーブンで13〜15分焼く。

Lesson 5

毎日食べたい
食パンアラカルト

日本人が一番食べているパンは食パンかもしれません。とても身近で、どの年代の方も食べやすいパンの一つです。

この本では基本の食パン生地をベースに、毎日食べても飽きないような自慢のアレンジを8種類ご紹介します。同じ食パンでも、サンドウィッチで食べる食パンとトーストで食べる食パンは別物です。同じ材料で食パン型の蓋をして焼いたパンとしないで焼いたパン、釜伸びさせたパンとさせないパンも、味や食感が異なります。ぜひ比べてみてください。

食パンのポイント

ミキシングについて

食パンもイーストで作るパン生地と同じく、しっかりとしたグルテンを作ることがとても大切です。食パンは型に入れて焼くので生地が縦に伸びてほしいパン。そこで長く伸びるグルテンを作る必要があります。両手で生地を持ってしっかりたたきながらグルテンを強化させましょう。生地を両手で持ったときに、少し横に引っ張ってからたたくようにするだけでもグルテンが強くなります。生地に弾力が出てグルテンの仕上がりを確認した後も、さらに5分くらいたたきましょう。

本書では、しっとり感を出すのに、加水率を少し高めにしています。パン作りに慣れていない人は、生クリームの食パンとリッチバターブレッドを除き、水を10g減らして作ってください。

釜伸びについて

最終発酵が終わってオーブンに入れたあと、パンがグーンと伸びることがあります。その伸びることを「釜伸び」といいます。かなりの人がこの釜伸びをする食パンを目指しているのではないでしょうか。

「釜伸びした！」「あまり釜伸びしなかったから失敗しちゃった……」「釜伸びした食パンはいい焼き上がりで正解！」実はそんなこともないのです。

「釜伸びしたパン＝いい食パン」だと思っている人はとても多いですが、釜伸びした食パンとしない食パンの違いは見た目だけではありません。釜伸びした食パンは生地が伸びる分だけ、味が薄くなります。

私はフランスのパンが大好きなのでル・コルドンブルーで製パンを勉強しました。そこで学んだパン ド ミはほとんど釜伸びしません。でも味は濃厚でキメが細かく、とても繊細に感じられました。余談ですが、シェフに釜伸びした食パンのことを質問したところ、そのような食パンは知らないと言われてしまいました（笑）。

逆にぐーーんと山のように生地が伸びた食パンはサクッとしています。見た目だけでなく、ぜひ味にも注目して食パンを作ってみてください。私の好みはあまり釜伸びしない食パンなので、この本はあまり釜伸びをしない食パンが多いです。

基本の食パン

毎日食べたい、シンプルで飽きのこない味。
基本だからこそこだわりぬいた自慢のレシピです。

基本の食パンの作り方

材料
（9.5×18.5×9cmの型1本分）

イーグル…250g
インスタントドライイースト…5g
砂糖…10g
塩…4.5g
スキムミルク…10g
水…190g（p.76参照）
バター…20g

1

バター以外の材料をカードで混ぜ合わせ、粉気がなくなったら台に出す。

2

手のひらの付け根で生地を台にこすりつけるようにして混ぜ合わせる。

3

両手で生地を持ち上げて台にたたきつけ、二つ折りにする。

4

表面がつるっとして、生地が伸びにくくなるまで3を繰り返す。

5

グルテンができているかどうかを確認する。p.56の3を参考に生地を振りながら伸ばし、すぐに切れない状態になっていたら、そこからさらに5分たたく。切れてしまう場合は、切れなくなるまでたたいてからさらに5分たたき、しっかりとしたグルテンを作る。

6

バターをカードで細かくカットし、生地に置く。台に生地をこすりつけるようにしてバターを混ぜる。

7

バターが半分くらい生地に混ざったら、生地を両手で持ち上げ台にたたきつける。

8

7を繰り返し、バターが完全に混ざったらピンと張るように生地を丸める。ボウルに入れラップをする。約1.8倍の大きさになるまで24〜30℃で40〜60分発酵させる。

9

フィンガーテストをする。人差し指にたっぷり打ち粉をつけて、生地に指を差し込み、穴が縮まなければ発酵終了。穴が縮むようならさらに数分発酵させ、再度フィンガーテストをする。

10

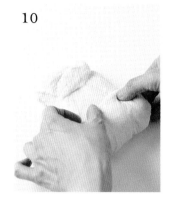

打ち粉をした生地を台に出し、手のひらで押さえてガス抜きをする。245gに2分割して手前からゆるく巻き、巻き終わりを上にしてさらにひと巻きする（俵型になります）。ラップをふんわりかけ10分休ませる。型にバター（分量外）を塗る。

11

巻き終わりを上にして台に置き、めん棒で縦20×横15cmに伸ばす。両サイドから中心に向かって生地を折る。

12

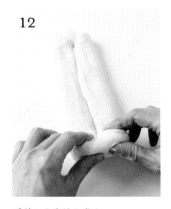

手前から生地を巻く。

13

巻き終わりを下にして型に入れ、35℃で30〜40分発酵させる。オーブンを180℃に予熱しておく。

14

山の頂点が型の高さと同じくらいになったら180℃で予熱したオーブンで20〜25分焼く。

食パン4種の成形

ワンローフ

本書では…
⇒p.84 大納言の食パン

この成形が合う食パン
⇒基本の食パン・オニオンブレッド・大納言の食パン・紅茶の食パン・抹茶のマーブル・リッチバターブレッド・チョコマーブル

山型

本書では…
⇒p.78基本の食パンなど

この成形が合う食パン
⇒基本の食パン・生クリームの食パン・パセリとにんじんの食パン・オニオンブレッド・大納言の食パン・紅茶の食パン

二つ編み

本書では…
⇒p.82 オニオンブレッドなど

この成形が合う食パン
⇒オニオンブレッド・大納言の
食パン・生クリームの食パン・
紅茶の食パン・パセリとにんじ
んの食パン・抹茶のマーブル・
チョコマーブル

三つ編み

本書では…
⇒p.90 抹茶のマーブル

この成形が合う食パン
⇒パセリとにんじんの食パン・
抹茶のマーブル

オニオンブレッド

みんな大好きオニオンブレッドを、
ワインにも合う大人の味に。

材料（9.5×18.5×9cmの型1本分）

イーグル…250g

インスタントドライイースト…5g

砂糖…10g

塩…4.5g

スキムミルク…10g

水…140g（p.76参照）

卵…50g

バター… 20g

たまねぎ…中1個

1

たまねぎは薄くスライスし、耐熱容器に入れて600Wのレンジに3分かけ、塩こしょう（分量外）で濃い目に味付けして冷ましておく。型にバター（分量外）を塗る。

2

「基本の食パン」手順10まで同様に作る。分割した生地をめん棒で縦10×横28cmに伸ばし、たまねぎを均等に載せる。

3

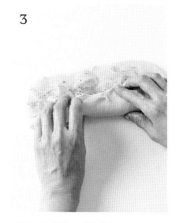

手前から巻き、巻き終わりをしっかりと閉じる。

4

2本をツイスト状にねじり合わせる。

5

型に入れ、35℃で30〜40分発酵させる。オーブンを180℃に予熱しておく。

6

山の頂点が型の高さと同じくらいになったら180℃のオーブンで20〜25分焼く。

大納言の食パン

大納言の甘さが引き立つ「和」を
感じさせる食パン。焼成前にきな
粉を生地に振りかけても美味しい。

材料（9.5×18.5×9cmの型1本分）

イーグル…250g
インスタントドライイースト…5g
砂糖…10g
塩…4.5g
スキムミルク…10g

水…140g（p.76参照）
卵…50g
バター…20g
大納言…80g

※大納言のほか、黒豆やドラ
イフルーツなどもお勧めです

1

「基本の食パン」手順9ま
で同様に作る。ガス抜きを
して手前からゆるく巻き、
巻き終わりを上にしてさら
にひと巻きして俵型に整え
たらラップをふんわりとか
けて10分休ませる。巻き
終わりを上にして、めん棒
で25×18cmに伸ばす。

2

大納言を全体に散らし、手
前から巻き、巻き終わりを
しっかりと閉じる。

3

閉じ目を下にしてバター（分
量外）を塗った型に入れ、
35℃で30～40分発酵させ
る。オーブンを180℃に予
熱しておく。

4

山の頂上が型の高さと同じ
くらいになったら180℃の
オーブンで20～25分焼く。

アレンジ食パン

手土産にピッタリ！な

生クリームの食パン

しっとりとした贅沢な味わい
があとをひく美味しさ

紅茶の食パン

オレンジピールとレモンを
たっぷり入れて爽やかに

生クリームの食パン

材料（9.5×18.5×9㎝の型1本分）

イーグル…250g
インスタントドライイースト…5g
砂糖…10g
塩…4.5g
スキムミルク…10g

生クリーム…200g
牛乳…35g
バター…20g

1

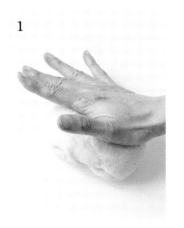

「基本の食パン」手順10まで同じ
要領で作る（265gに2分割）。2分
割して休ませた生地を手のひらで軽
く押さえ、ガスを抜く。

2

両手で生地を包み、手と生地を一緒
にゆっくりと回しながら丸める。

3

バター（分量外）を塗った型に入れ
て35℃で40～50分発酵させる。
オーブンを180℃に予熱しておく。

4

山の頂上が型の高さより1㎝下また
は同じ高さになったら180℃のオー
ブンで20～25分焼く。

point

生クリームの旨味を楽しみたい時
は、発酵時間を短めにして（40分）
焼きましょう。生クリームの味が
濃く感じられます。焼成後、型か
ら出したパンが柔らかいときは、
型から出したまま追加で5分焼い
てください。

紅茶の食パン

材料（9.5×18.5×9cmの型1本分）

イーグル…250g
インスタントドライイースト…5g
砂糖…10g
塩…4.5g
スキムミルク…10g

製菓用アールグレイの茶葉…8g
水…190g（p.76参照）
バター…20g
レモンピール…30g
オレンジピール…30g

※茶葉はティーバッグでOK。
できるだけ細かいものを

1

「基本の食パン」の手順を参考に、手順1で粉類と一緒にアールグレイの茶葉を入れてミキシングする。手順10で分割せずに俵型にし、10分休ませる。巻き終わりを上にしてめん棒で縦25×横18cmに伸ばし、レモンピールとオレンジピールを散らす。

2

手前から巻き、巻き終わりをしっかりと閉じる。

3

バター（分量外）を塗った型に閉じ目を下にして入れて35℃で30〜40分発酵させる。オーブンを180℃に予熱しておく。

4

山の頂上が型の高さと同じもしくは1cm上くらいまで膨らんだら、ハサミで「人」という字を書くようにカットする。

※生地がくっついてしまう場合は、ハサミに打ち粉をつける

5

両サイドを少し残し、端から端までカットする。

※ハサミを深く入れすぎるとピールが出てしまうので注意！

6

180℃のオーブンで20〜25分焼く。

パセリと
にんじんの食パン

緑と黄色が鮮やかな2色の食パン。
お子様にもピッタリです。

材料（9.5×18.5×9cmの型1本分）
イーグル…250g
インスタントドライイースト…5g
砂糖…10g
塩…4.5g
スキムミルク…10g
水…190g（p.76参照）
バター…20g
ドライパセリ…大さじ3
にんじんのすりおろし…大さじ3（水気を絞る）

1

「基本の食パン」手順7まで同様に
作る。240gに2分割にし、それぞ
れの生地にドライパセリ・にんじん
のすりおろしを包み込む。

2

台に生地をこすりつけるようにして、
具材をよく混ぜ合わせる。混ざった
ら生地を丸め、24〜30℃で40〜60
分発酵させる。

3

生地の大きさが約1.8倍になったら
フィンガーテストをし、打ち粉をし
た台に出してガス抜きをする。「基
本の食パン」手順10のやり方で俵
型にまとめ、ふんわりとラップをし
て10分休ませる。

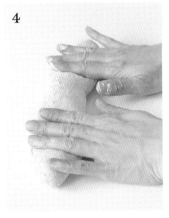

4

生地を軽く広げ、手前から巻き、巻
き終わりをしっかりと閉じて長さ約
25cmに伸ばす。

5

「オニオンブレッド」のように、2
本をねじり合わせて二つ編みにする。
バター（分量外）を塗った型に入れ、
35℃で30〜40分発酵させる。

6

山の頂点が型の高さと同じくらいに
なったら、180℃に予熱したオーブ
ンで20〜25分焼く。

抹茶のマーブル

三つ編みにした生地を二層に重ねることで綺麗なマーブル模様に。抹茶の風味はほんのりと控えめなので、比較的どんなシチュエーションにも合います。

材料（9.5×18.5×9 cmの型 1 本分）

イーグル…250g
インスタントドライイースト…5g
砂糖…10g
塩…4.5g
スキムミルク…10g
水…190g（p.76参照）
バター…20g
抹茶…5g

1

「基本の食パン」手順7まで同様に
作る。240gに2分割し、片方の生
地に抹茶を混ぜ込む。ふんわりとラ
ップをして生地が約1.8倍になるま
で24〜30℃で40〜60分発酵させる
（写真は発酵後）。

2

フィンガーテストをし、発酵完了し
ていたら打ち粉をした台に出し、そ
れぞれの生地をめん棒で縦10×横
25cmに伸ばし、2枚を重ねてラッ
プをふんわりかけて10分休ませる。

3

生地を縦24×横25cmに伸ばして縦
半分にカットし、2枚を重ねる。重
ねた生地をさらに縦12×横25cm2
枚にカットする。

4

生地の端5mmを残して2本の切り込
みを入れ、断面が上を向くようにね
じる。もう1枚も同様にし、それぞ
れ三つ編みにする。編み終わりは指
で軽くつまむ。

5

バター（分量外）を塗った型に2つ
重ねて入れ、35℃で30〜40分発酵
させる。型の蓋の内側にもバターを
塗っておく。

6

型の高さより少し低いところまで発
酵したら蓋を閉め、190℃のオーブ
ンで20〜25分焼く。

リッチバターブレッド

バターをたっぷり使ったリッチな風味が特徴。
ふんわりと黄色い断面を見ると幸せな気持ち
になってしまいます。

材料（9.5×18.5×9cmの型1本分）

イーグル…250g
インスタントドライイースト…5g
砂糖…10g
塩…4.5g
スキムミルク… 10g
水…110g（卵黄の合計が50g以上の時は、その分減らす）
卵黄…3個（約50g）
バター…40g
トッピング用バター…10g

1

バター以外の材料を全て混ぜ合わせ、「基本の食パン」手順1から3まで同様に作る。バター40gを細かくカットし、半分を生地に置く。

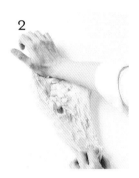

2

台に生地をこすりつけるようにしてバターを混ぜる。バターが半分くらい生地に混ざったら、生地を持ち上げて、たたきつけるを繰り返す。
（バターの混ぜ込み1回目）

3

残りのバターを2と同様に混ぜ込む。
（バターの混ぜ込み2回目）混ざったら生地を丸め、約2倍の大きさになるまで24〜30℃で40〜60分発酵させる。

4

フィンガーテストをし、発酵完了していたら打ち粉をした台に出してガス抜きをする。手前からゆるく巻き、巻き終わりを上にしてさらにひと巻きして俵型にし、10分休ませる。休ませたらめん棒で25×16cmに伸ばす。

5

手前から巻き、巻き終わりをしっかりと閉じる。

6

閉じ目を下にしてバター（分量外）を塗った型に入れ、35℃で20〜30分発酵させる。

7

型の高さの2cm下まで発酵したら、刷毛で表面に溶き卵（分量外）を塗る。両端1.5cmを残し、深さ2mmのクープを入れる。

8

トッピング用のバターをスティック状にカットし、切り込みの上に置く。180℃に予熱したオーブンで23分焼く。

チョコマーブル

3分割して三つ編みにして、4分割にしてツイストを2本重ねるなど、分割の数を変えると、チョコの見え方も変わってきます。

材料（9.5×18.5×9cmの型1本分）

イーグル…250g
インスタントドライイースト…5g
砂糖…20g
塩…4.5g
スキムミルク…10g

水…140g（p.76参照）
卵…50g
バター…20g
チョコレート…70g（ざっくり刻む）

※チョコレートはお好みのものをお使いください。
個人的には製菓用のビターチョコレートがお勧めです

1

バターとチョコレート以外の材料を混ぜ合わせ、「基本の食パン」手順10まで同様に作る。2分割した生地をめん棒で縦10×横28cmに伸ばし、チョコレートをまんべんなく散らす。

2

手前から巻き、巻き終わりをしっかりと閉じる。もう1本も同様にする。

3

2本の生地の閉じ目を下にして置き、中心で交差させる。

4

中心から二つ編みにし、巻き終わりを軽くつまむ。

5

バター（分量外）を塗った型に入れ、35℃で30〜40分発酵させる。

6

山の頂上が型の高さと同じくらいになったら、180℃に予熱したオーブンで20〜25分焼く。

松尾　美香 (まつお・みか)

自家製酵母パン教室Orangerie主宰。大手・個人パンスクールに通った後、ル・コルドンブルーでディプロマを取得し、シニフィアンシニフィエにてシェフから本格的フランスパンの高度な技術を学ぶ。教室の月間生徒数は100人以上、のべ生徒数10,200人を超し、一つのメニューで86人のキャンセル待ちが出るほどの人気を誇る。

Instagram：@orangeriebrave

HP：http://orangerie-brave.com/

YouTube：
https://www.youtube.com/channel/
UCRiozwVYXalXwKYPQZk1JJw

STAFF
撮影　三浦英絵
アシスタント　池松由貴
スタイリング　宮沢史絵
デザイン／DTP　中山詳子
校正　宮崎守正

家庭用オーブンで誰でも作れる
日本一やさしい本格パン作りの教科書

| 発行日 | 2020年 4 月 1 日 | 第 1 版第 1 刷 |
| | 2020年10月10日 | 第 1 版第 6 刷 |

著　者　松尾　美香

発行者　斉藤　和邦
発行所　株式会社　秀和システム
　　　　〒135-0016
　　　　東京都江東区東陽2-4-2 新宮ビル2階
　　　　Tel 03-6264-3105 (販売) Fax 03-6264-3094
印刷所　三松堂印刷株式会社　　Printed in Japan

ISBN978-4-7980-6005-7 C0077